Für Elodie, Felicity und Tim – zusammen finden wir immer einen Regenbogen, ganz gleich bei welchem Wetter!

– R.D.

Für meine wunderbaren Eltern.

– W.T.

Titel der englischen Originalausgabe:
Over the Rainbow: The Science, Magic and Meaning of Rainbows

1. Auflage 2024

Aus dem Englischen von Leena Flegler, München
Der Gerstenberg Verlag dankt Prof. Dr. Björn Maronga, Institut für Meteorologie und Klimatologie der Leibniz Universität Hannover, für die fachliche Durchsicht.
Printed in Poland
ISBN 978-3-8369-6266-7

Rachael Davis • Wenjia Tang

REGEN BOGEN

Fakten & Faszinierendes

Aus dem Englischen
von Leena Flegler

GERSTENBERG

Inhalt

DER REGENBOGEN ALS SYMBOL

Einleitung

Hast du an einem wechselhaften Tag schon mal zum Himmel geschaut und dort ein wunderschönes Farbenband entdeckt? Das war ein Regenbogen! Diese Naturerscheinung fasziniert die Menschheit seit Jahrtausenden, und mit der Zeit haben Forschende das Geheimnis ihrer Entstehung gelüftet. Doch der Regenbogen ist weit mehr als nur ein naturwissenschaftliches Wunder.

Dieses Buch befasst sich nicht bloß mit den Naturgesetzen, die dem Regenbogen zugrunde liegen, sondern auch mit seiner Rolle in der Mythologie, in kulturellen Glaubensvorstellungen und in der Politik. Außerdem zeigt es dir ein paar fantastische Beispiele, wie Regenbögen meisterliche Kunstwerke, Musikstücke und Erzählungen inspiriert haben. Egal, welches Wetter draußen ist: Der Regenbogen wird häufig als Symbol der Gemeinschaft, des Friedens und der Hoffnung verstanden.

DIE WISSENSCHAFT HINTER DEM REGENBOGEN

Wenn Sonne und Regen zusammenkommen, ist manchmal ein Regenbogen am Himmel zu sehen. Aber wie entsteht aus Sonnenlicht und Wassertropfen dieses herrliche Farbenband?

Ein genauer Blick auf das Licht

Um zu verstehen, wie Regenbögen entstehen, muss man erst ein paar Dinge über das Licht wissen.

Schnell wie der Blitz

Licht ist eine Form von Energie, die es uns ermöglicht, die Welt ringsum zu sehen. Das meiste Licht stammt von der Sonne, aber auch Glühbirnen, Blitze und Flammen senden Licht aus. Wie sich Licht fortbewegt, sieht man nicht – aber es gibt nichts Schnelleres auf der Welt: Die Lichtgeschwindigkeit beträgt rund 300 000 Kilometer pro Sekunde!

Licht und Schatten

Weil sich Lichtstrahlen nur geradlinig ausbreiten, können sie sich nicht um einen Gegenstand herumschlängeln und dringen auch nicht durch ihn hindurch, sondern werden abgefangen. So entsteht Schatten.

Mehr, als es den Anschein hat!

Licht sieht zwar weiß aus, setzt sich in Wahrheit jedoch aus sieben Farben zusammen: aus Rot, Orange, Gelb, Grün, Blau, Indigo (ein dunkleres Lilablau) und Violett.

Wellenlängen

Jede im Licht enthaltene Farbe hat ein eigenes Wellenmuster und spezielle Abstände zwischen den Wellenkämmen. Dieser Abstand heißt Wellenlänge. Rot hat die längste Wellenlänge, gefolgt von Orange, Gelb, Grün, Blau, Indigo und zu guter Letzt Violett mit der kürzesten Wellenlänge. Hieraus ergibt sich die immer selbe Reihenfolge der Regenbogenfarben.

SCHON GEWUSST?

Wir sagen oft, Licht breitet sich geradlinig aus, dabei besteht es in Wahrheit aus Wellen! Diese Wellen wiederum reisen immer geradeaus.

Eselsbrücken

Am einfachsten merkst du dir die Farbreihenfolge mit einem Reim oder mit Eselsbrücken, in denen jedes Wort mit dem jeweiligen Anfangsbuchstaben der Farbe beginnt.

Reflexion, Lichtbrechung und Dispersion

Auch wenn Licht sich nur in gerader Linie ausbreitet, haben Wissenschaftlerinnen und Wissenschaftler entdeckt, dass es zurückgeworfen, umgeleitet und sogar aufgespalten werden kann. All das muss passieren, damit ein Regenbogen entsteht.

Licht und Sehen

Wenn wir einen Gegenstand sehen, dann sehen wir eigentlich das Licht, das zurückgeworfen (reflektiert) wird. Wir sehen Farben, weil der Gegenstand nur einen Teil des Lichts reflektiert. Dieser Apfel sieht rot aus, weil er den roten Anteil des Lichts reflektiert. Orange, Gelb, Grün, Blau, Indigo und Violett werden vom Apfel verschluckt (absorbiert).

Bestandteile des Lichts

Ein dreieckiger Glaskörper, ein Prisma, kann Licht umlenken und in ein ganzes Farbspektrum aufbrechen – in die sogenannten Spektralfarben. Dringt das Licht in das Prisma ein, ändert es die Richtung (Lichtbrechung) und verteilt sich (Dispersion oder Ausspaltung), sodass wir es in seinen einzelnen Farben sehen können.

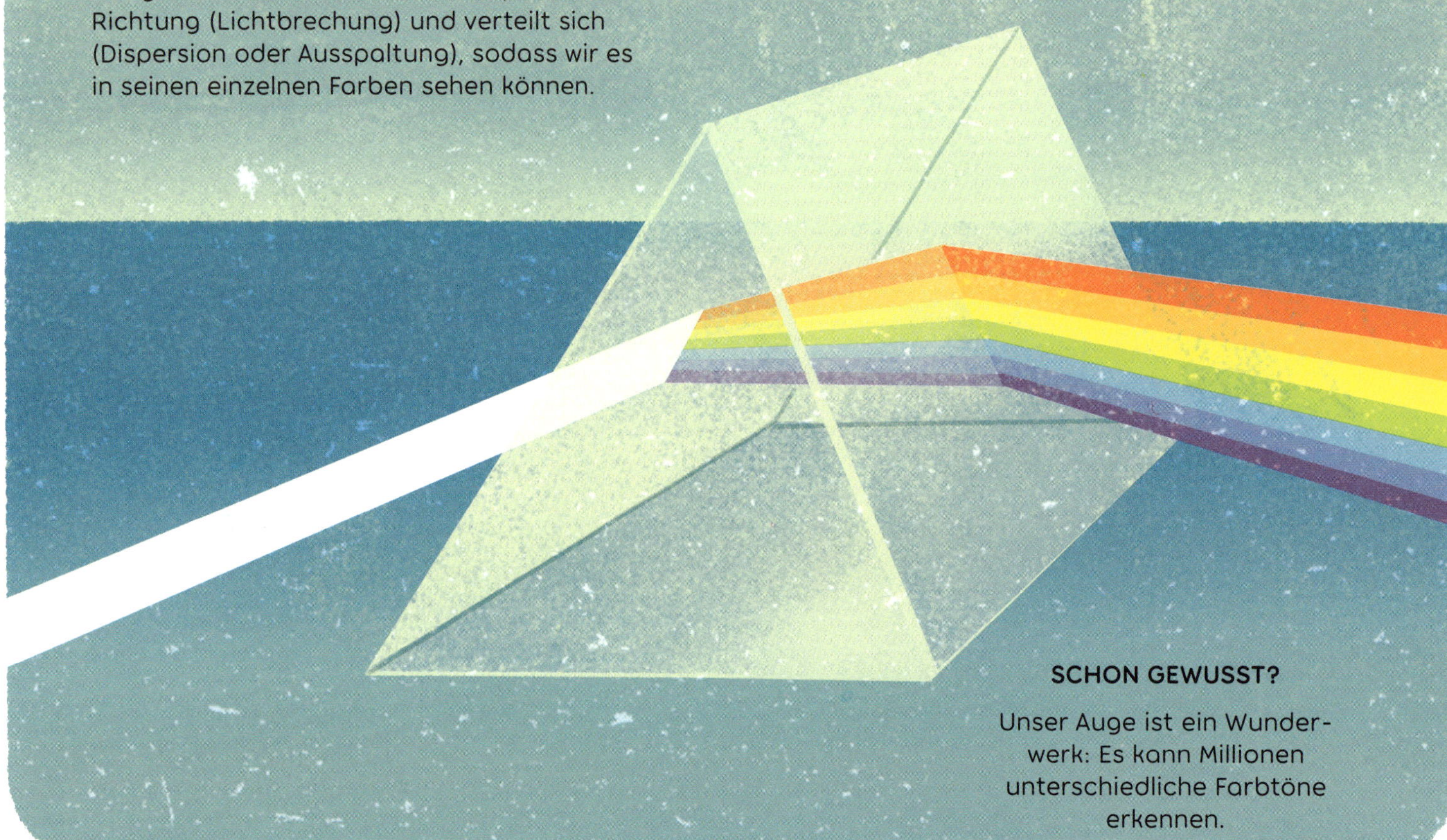

SCHON GEWUSST?

Unser Auge ist ein Wunderwerk: Es kann Millionen unterschiedliche Farbtöne erkennen.

Die Brechung von Licht

Du kannst dir die Brechung von Licht mithilfe eines Bleistifts und etwas Wasser vor Augen führen: Licht breitet sich unterschiedlich schnell in Luft und Wasser aus. An der Grenzfläche ändert es seine Ausbreitungsrichtung – es »bricht«. Darum sieht der Bleistift in einer Wasserschüssel aus, als wäre er abgeknickt.

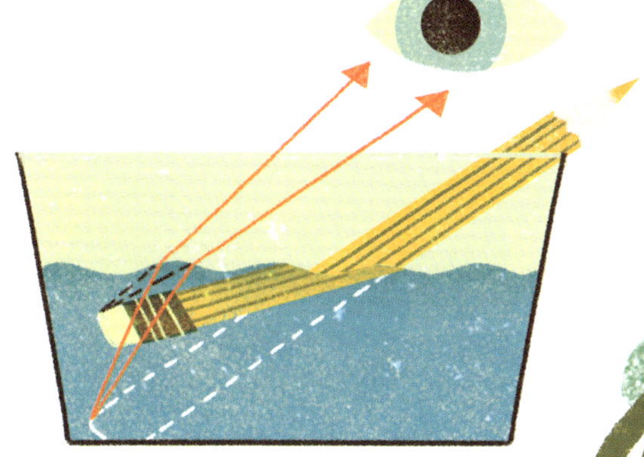

Über kurz oder lang

Wenn Licht auf einen Wassertropfen trifft, bricht es und fächert sich in die unterschiedlichen Spektralfarben auf, wobei jede Farbe in einem leicht anderen Winkel bricht. Langwelliges Licht bricht weniger als kurzwelliges – deshalb erscheint Rot stets am oberen Rand des Regenbogens und Violett unten.

Wie Regenbögen entstehen

Stell dir vor, es regnet Millionen winziger Tropfen. Darauf fallen Lichtstrahlen. Was kommt dabei heraus? Ein Regenbogen! Das ist keine Zauberei, sondern die Physik hinter gebrochenem und reflektiertem Licht!

Brechung und Reflexion

Tropfen sind wie kleine Prismen. Wenn Sonnenlicht aus der Luft in einen Wassertropfen übertritt, bricht das Licht: Es ändert seine Ausbreitungsrichtung und zerfällt in Lichtstrahlen mit unterschiedlichen Wellenlängen und Farben.

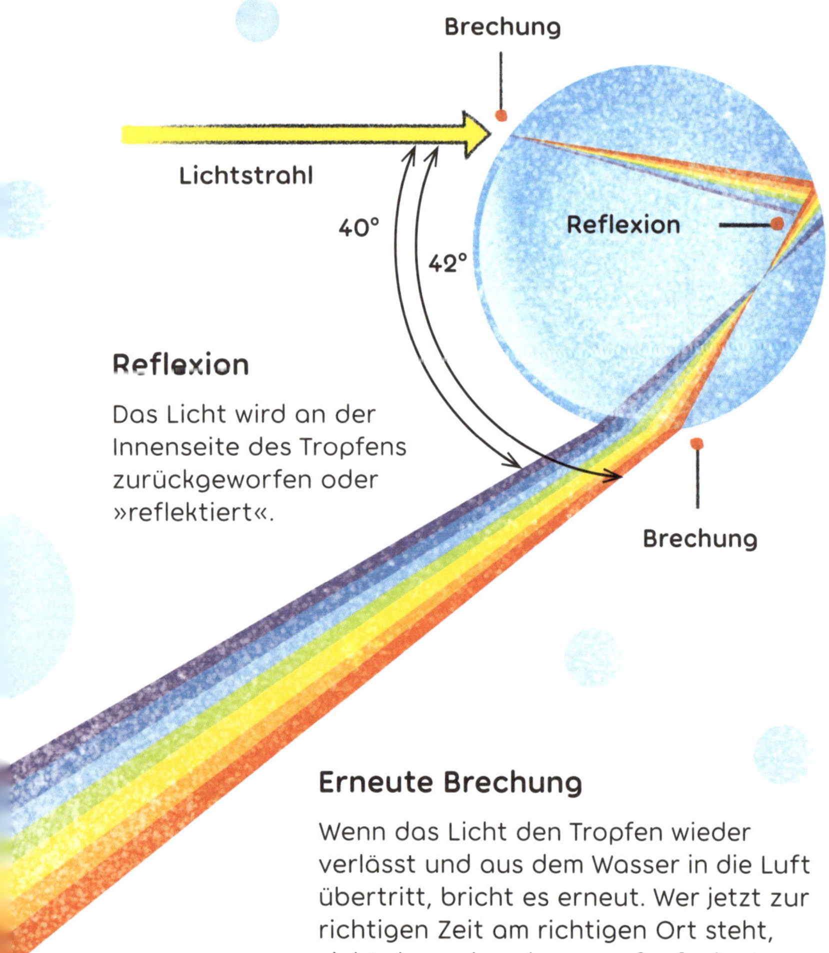

Reflexion

Das Licht wird an der Innenseite des Tropfens zurückgeworfen oder »reflektiert«.

Erneute Brechung

Wenn das Licht den Tropfen wieder verlässt und aus dem Wasser in die Luft übertritt, bricht es erneut. Wer jetzt zur richtigen Zeit am richtigen Ort steht, sieht das gebrochene, aufgefächerte und reflektierte Licht als Regenbogen.

SCHON GEWUSST?

Blau-violettes Licht tritt in einem Winkel von rund 40 Grad aus dem Tropfen aus, rotes Licht mit rund 42 Grad. Der größere Winkel sorgt dafür, dass der rote Lichtanteil für den Betrachter am oberen Rand des Regenbogens erscheint.

TOPTIPP:

Denk daran: Licht tritt auf derselben Seite des Regentropfens ein und wieder aus. Wenn du einen Regenbogen sehen willst, musst du also die Sonne im Rücken und den Regen vor dir haben.

SCHON GEWUSST?

Regentropfen sind meist kugelrund, nicht etwa tränenförmig. Nur deshalb bricht und reflektiert das Licht so, dass ein Regenbogen entsteht.

Was man früher dachte

Jahrtausendelang galt der Regenbogen als unerklärliches Rätsel. Um seine Geheimnisse zu entschlüsseln, waren einige der klügsten Köpfe der Antike nötig.

circa 400 v. Chr.: die ersten Annahmen über Regenbögen

Aristoteles lebte vor über 2000 Jahren in Griechenland und war ein sogenannter Universalgelehrter: Er studierte zahlreiche Fächer und entwickelte Theorien zur Erklärung der Welt.

Er stellte fest, dass Regenbögen nur entstehen, wenn sich Wassertropfen in der Luft befinden. Allerdings glaubte er fälschlicherweise, sie würden durch die Reflexion der Sonne in den Wolken entstehen und hätten nur drei Farben: Rot, Grün und Violett.

Pharao Ptolemaios II., der von 285 bis 246 v. Chr. Ägypten regierte, brachte viele von Aristoteles' Schriften in Umlauf. So verbreitete sich dessen Regenbogentheorie im Nahen Osten.

SCHON GEWUSST?

Aristoteles gilt als Begründer der ersten Farbenlehre. Er glaubte, dass alle Farben aus Weiß und Schwarz (Helligkeit und Dunkelheit) bestünden und Gott sie mittels Strahlen himmlischen Lichts schicken würde. Viele glaubten an seine Theorie, bis Isaac Newton zeigte, wie Licht in einem Prisma bricht.

9. bis 13. Jahrhundert: Entdeckungen im Nahen Osten

Der syrische Gelehrte Ayyūb al-Ruhāwī (auch Jakob von Edessa) hinterfragte Aristoteles' Annahme, dass sich Regenbögen nur bei Bewölkung bilden. Dass sie aus drei Farben bestünden, glaubte er allerdings auch.

Später stellte der persische Gelehrte Ibn Sīnā (auch Avicenna) fest, dass Regenbögen in Sprühnebel entstehen. Der Erste jedoch, der beschrieb, dass Licht bricht und die Richtung ändert, war der Mathematiker und Optiker Ibn al-Haiṯam (auch Alhazen).

Der Perser Qutb al-Dīn asch-Shīrāzī behauptete schließlich, dass ein Regenbogen entstehe, wenn Licht in einem Regentropfen breche und reflektiert werde. Hurra! Leider drangen seine Erkenntnisse lange nicht bis in die westliche Welt vor.

SCHON GEWUSST?

Aristoteles' und Ibn Sīnās Erkenntnisse wurden im Westen erst bekannt, als die Spanier im 11. Jahrhundert die maurische Stadt Toledo eroberten und dort auf eine riesige Bibliothek stießen – und auf Schriften mit allerhand Theorien unter anderem zu Regenbögen.

Das Rätsel des Regenbogens

Nach und nach versuchten westliche Gelehrte und Wissenschaftler, ihre Annahmen über Regenbögen mithilfe von Experimenten zu untermauern.

Riesige Regentropfen

1304 belegte der Theologe und Naturphilosoph Dietrich von Freiberg, dass für die Entstehung von Regenbögen einzelne Wassertropfen erforderlich sind. Mit einer wasserbefüllten runden Flasche baute er einen Riesentropfen nach. Die Flasche stellte er in ein dunkles Zimmer und richtete einen Lichtstrahl darauf, der wie erhofft einen Regenbogen erzeugte. So bewies er, dass ein Tropfen Licht reflektiert wie ein Spiegel.

SCHON GEWUSST?

Rund 300 Jahre später formulierte der Wissenschaftler Johannes Kepler seine Theorien zur Lichtbrechung – nur erfuhr zunächst niemand davon, weil er sie lediglich in privaten Briefen schilderte. Kepler verglich die Farben des Regenbogens mit den Musiknoten einer Oktave.

Von der Theorie zum Gesetz

Im Jahr 1637 bestimmte der französische Gelehrte René Descartes mittels Mathematik und neu entwickelter Werkzeuge den Winkel, in dem Licht an einem Regentropfen bricht. Er formulierte ein Brechungsgesetz und wies nach, dass Licht nach Eintritt in einen Tropfen von dessen Innenseite in einem bestimmten Winkel reflektiert wird.

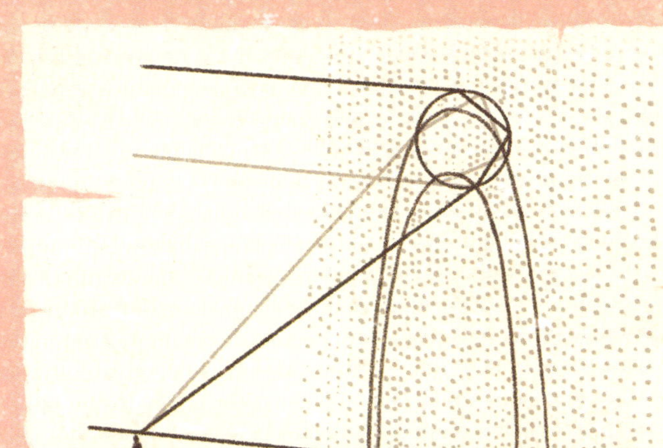

Licht ist nicht weiß

1666 unternahm der berühmte Wissenschaftler Isaac Newton Experimente, um zu beweisen, dass weißes Licht aus mehreren Farben besteht. Newton richtete Licht auf ein Prisma, das es in seine sieben Farben aufspaltete. Newton benutzte auch als Erster den Ausdruck »Spektrum« für die Beschreibung der Regenbogenfarben.

Damals glaubten andere Wissenschaftler noch, dass Licht weiß wäre und die Farben vom Wasser oder vom Glas herrührten, auf das der Lichtstrahl trifft.

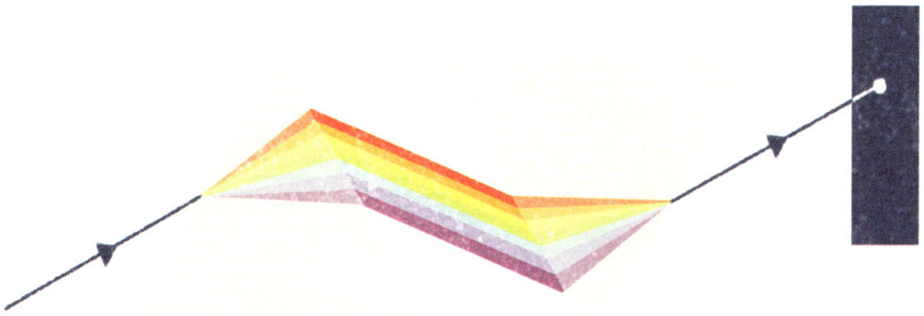

Um zu beweisen, dass das Spektrum tatsächlich im Licht selbst enthalten ist, entwickelte Newton ein zweites Experiment: Er richtete das aufgefächerte Licht auf ein weiteres Prisma, das die Strahlen wieder zu weißem Licht bündelte.

SELTENE REGENBÖGEN

Regenbögen entstehen, wo immer Feuchtigkeit in der Luft ist: um Wasserfälle herum, über aufspritzendem Meerwasser – und sogar in der nassen Atemluft, die ein Wal durchs Blasloch ausstößt!

Welch ein Spektakel!

Gibt es etwas Schöneres als einen Regenbogen? Na klar: zwei Regenbögen! Allerdings entsteht dieses seltene Spektakel nur unter ganz besonderen Bedingungen …

Doppelt sehen

Doppelregenbögen entstehen, wenn das Licht innerhalb desselben Regentropfens gleich zweimal reflektiert wird. Der **Hauptregenbogen** (der untere) entsteht durch die erste, der **Nebenregenbogen** (der obere) durch die zweite Reflexion.

Es sind Zwillinge!

Zwillingsregenbögen starten am selben Punkt. Die Farbabfolge in beiden Bögen ist gleich. Zwillingsregenbögen entstehen, wenn zwei Regenschauer mit verschieden großen Tropfen gleichzeitig herabregnen.

Der feine Unterschied

Wenn Licht im selben Regentropfen zweimal reflektiert, stehen die Farben des Nebenregenbogens kopf: Rot liegt jetzt unten und Violett oben.

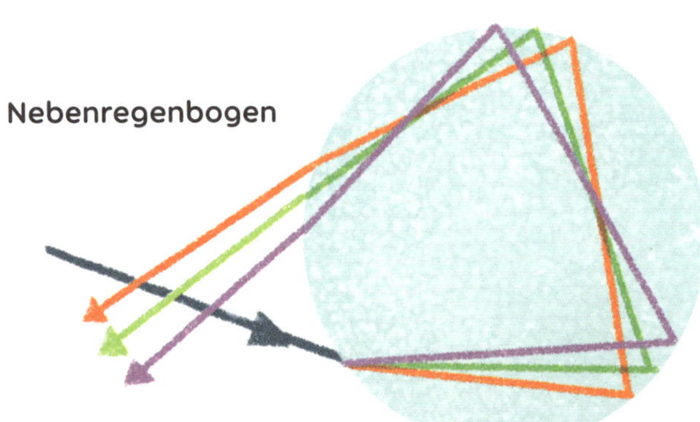

Es regnet Hamburger

Regentropfen flachen ab, während sie vom Himmel fallen – größere, schwerere umso mehr, sodass sie fast aussehen wie Hamburger. Das Licht tritt aus verschieden geformten Tropfen in unterschiedliche Richtungen aus und erzeugt so einen weiteren Regenbogen.

Spiegelbogen

Wenn Licht zunächst von einer Wasserfläche reflektiert wird und dann erst auf Wassertröpfchen in der Luft trifft, entsteht ein sogenannter Spiegelbogen.

Gespiegelter Regenbogen

Hierbei handelt es sich um etwas anderes als beim Spiegelbogen: Einen gespiegelten Regenbogen sieht man auf Wasserflächen, wenn Licht erst auf Tropfen trifft und der entstandene Regenbogen sich dann im Wasser spiegelt.

Ungewöhnliche Regenbögen

Normalerweise bestehen Regenbögen am Himmel aus den sieben Spektralfarben. Unter ganz bestimmten Bedingungen sind jedoch nur einige Farben sichtbar – oder statt des Bogens ein ganzer Kreis!

Alarmstufe Rot!

Wenn die Sonne bei Sonnenauf- und -untergang tief am Himmel steht und es regnet, kann etwas Magisches passieren! Stell dich mit dem Rücken zur Sonne, und mit viel Glück siehst du einen **roten Regenbogen**. Diese feurige Erscheinung entsteht aufgrund des Winkels, in dem das Sonnenlicht in die Erdatmosphäre eintritt. Dies ist auch der Grund für rote Sonnenauf- und -untergänge.

Warum ist der Sonnenuntergang rot?

Wenn die Sonne tief steht, werden die blauen und grünen Lichtanteile auf ihrer langen Reise durch die Atmosphäre bereits früh gestreut, während das langwellige rote Licht eher die Richtung beibehält. Deshalb leuchtet der Himmel rot – und bei Regen auch der Regenbogen!

Sonnenauf- und -untergang

Warum ist der Himmel blau?

Wenn die Sonne hoch am Himmel steht, ist die Entfernung zur Erdatmosphäre für das Licht kürzer. Vor allem kurzwelliges blaues Licht wird in alle Richtungen gestreut und lässt den Himmel blau erscheinen.

Mittag

Superregenbögen

Regenbögen mit überzähligen Bögen werden auch **Interferenzbögen** genannt. Die helleren Abstufungen von Lila, Rosa und Grün auf der blauen Unterseite des Hauptregenbogens entstehen durch kleinere Regentropfen.

Einmal im Kreis

Ein **runder Regenbogen** ist ein fantastischer und seltener Anblick. Nun ist jeder Regenbogen ein Kreis – nur sehen wir meist nur einen Teil davon, weil der Rest von der Erde verdeckt ist. Doch unter den richtigen Bedingungen kann man den ganzen Kreis sehen – umso mehr davon, je tiefer die Sonne am Himmel steht.

SCHON GEWUSST?

Aus dem Cockpit eines Flugzeugs hat man die besten Chancen, einen runden Regenbogen zu entdecken, weil von dort nichts die Sicht verstellen kann.

Beinahe-Regenbögen

Wie wir wissen, entstehen Regenbögen, wenn Sonnenlicht auf Regentropfen trifft. Aber was ist mit anderen Arten von Licht oder anderen Arten von Tropfen?

Alles leicht neblig

Ein weißer Regenbogen oder **Nebelbogen** entsteht, wenn Licht auf Dunst oder Nebel fällt. Nebel besteht aus klitzekleinen Wassertröpfchen, in denen sich die Spektralfarben überlagern, sodass sie weißes Licht ergeben – der Nebelbogen erscheint weiß.

Auf dem Dach der Welt

Glorien sehen aus wie runde Regenbögen. Meist entdeckt man sie aus einem Flugzeugcockpit oder von einer Bergspitze. Das Licht muss durch Dunst oder Wolken dringen, und der Betrachter, der darauf hinabblickt, wirft einen Schatten, der dann von der Glorie umgeben wird.

REGENBÖGEN IM WELTALL

Im Jahr 2018 entdeckte der deutsche Astronaut Alexander Gerst aus dem Weltall eine Glorie.

Der Mondregenbogen (oder Mondbogen)

Wenn man mit dem Vollmond im Rücken einen Regenschauer betrachtet, kann man mit viel Glück einen Mondbogen sehen.

SCHON GEWUSST?

Wenn Mondlicht durch Dunst fällt, kann sogar ein Mond-Nebelbogen entstehen! Er ist wahnsinnig selten, und das Mondlicht muss dafür enorm stark sein.

Kristallring

An eiskalten, klaren Tagen gefriert die Feuchtigkeit in der Luft zu winzigen Eiskristallen. Sobald Sonnenlicht auf diese Kristalle trifft, entsteht ein weißer Ring, ein **Halo**, rings um die dunstige Sonne.

Kopfstehender Regenbogen

Diese Art Regenbogen gehört zu den Haloerscheinungen und heißt **Zirkumzenitalbogen**. Er entsteht, wenn Sonnenlicht auf Wolkenschleier aus hoch schwebenden sechseckigen Eiskristallen trifft.

REGENBOGEN – MYTHEN UND LEGENDEN

Bauernregeln sind Sprüche und Reime, die oftmals von Wetterbedingungen und -phänomenen und deren Auswirkungen auf die Ernte handeln. Es gibt Regenbogen-Bauernregeln, die Jahrhunderte alt sind.

Wie alles begann

Um die Bedeutsamkeit des Regenbogens zu verstehen, muss man weit über die Wissenschaft hinausgehen. Seit Urzeiten spielt der Regenbogen in Mythen und religiösen Texten eine wichtige Rolle.

Ein Loch im Himmel flicken

In der frühchinesischen Mythologie wird Nüwa (女娲) als Frau mit Schlangenleib und menschlichem Oberkörper beschrieben. Es heißt, sie habe sich bei einem Spaziergang durch die Natur einsam gefühlt, woraufhin sie die Menschen und Tiere erschuf. Damals stützten riesige Säulen den Himmel. Als bei einem Streit zwischen dem Wassergott und dem Feuergott eine der Säulen zerstört und ein Loch in den Himmel gerissen wurde, kam Nüwa den Menschen zu Hilfe: Sie schmolz fünf farbige Steine und reparierte damit den Himmel.

Die schwebende Himmelsbrücke

Im japanischen Schöpfungsmythos erhielten die beiden Urgottheiten Izanagi und Izanami die Aufgabe, das Festland zu erschaffen. Von einer schwebenden Himmelsbrücke (Ame-no-uki-hashi) aus – der Sage nach ein Regenbogen – rührten sie mithilfe einer Juwelenlanze das Meer unter dem Himmel auf. Als sie die Lanze aus dem Wasser zogen, tropfte etwas davon hinab, gerann und bildete die erste Insel der Erde, Onogoro. Über die Regenbogenbrücke gelangten Izanagi und Izanami schließlich auf die Erde hinab.

SCHON GEWUSST?

Bis heute ist die Regenbogenbrücke für Japanerinnen und Japaner von großer Bedeutung: 1993 wurde eine gleichnamige Hängebrücke eröffnet, die einen Teil der Tokioter Bucht überspannt. Solarzellen liefern Energie für bunte Lichter, die den Nachthimmel erleuchten.

Die Regenbogengöttin

In der griechischen Mythologie war Iris die Göttin des Regenbogens und eine Götterbotin. Es gibt kaum Geschichten über sie – aber hier und da wird sie ausgeschickt und taucht plötzlich auf wie der Regenbogen am Himmel.

Die Götterbotin

Der Name Iris (Ἶρις) bedeutet im Altgriechischen »Regenbogen« und leitet sich von *eiris, erô, eirô* (deutsch: »Sprecher«, »Bote«) ab. Bei mehreren antiken Dichtern, etwa beim römischen Dichter Ovid, reiste sie über den Regenbogen, wenn sie Nachrichten überbrachte. Dem griechischen Dichter Hesiod zufolge brachte Iris außerdem Wasser aus dem Fluss Styx in einem Krug, wann immer ein Gott einen Eid schwören musste. Wenn der Gott gelogen hatte und das Wasser trank, hatte dies für ihn schwerwiegende Folgen.

Ein Kunstwerk

Die alten Griechen erzählten nicht nur Göttersagen, sondern stellten sie auch bildlich dar. Auf antiken griechischen Vasen wird Iris oft geflügelt abgebildet und hält einen Krug in den Händen. Im 5. Jahrhundert v. Chr. schmückte der Bildhauer Phidias den Parthenon-Tempel auf der Akropolis in Athen mit Marmorstatuen griechischer Götter und stellte Iris in den Westgiebel zu Athene und Poseidon.

SCHON GEWUSST?

Das Wort »irisierend« – in Regenbogenfarben schillernd – leitet sich vom griechischen Wort für den Regenbogen, *iris* (Ἶρις), ab.

Bifröst

In der nordischen Mythologie ist Bifröst die Regenbogenbrücke, die die Welt der Götter mit der Welt der Menschen verbindet.

Die Regenbogenbrücke

Der altnordische Name Bifröst wurde mal als »zitternder und bebender Regenbogen«, mal als „schimmernder Pfad" oder auch als »schwankende Himmelsstraße« übersetzt. In frühen Quellen hieß die Brücke aber Bilröst und bezeichnete einen »flüchtig erblickten Regenbogen«.

SCHON GEWUSST?

Bifröst wird von Heimdall bewacht, dem Hüter der Götterwelt.

Die Regenbogenschlange

Seit Jahrhunderten geben Aborigines – die ersten Völker Australiens – Erzählungen aus der Traumzeit an die nächste Generation weiter. Ein allen Aborigine-Völkern gemeinsamer Traumzeit-Vorfahr ist die unsterbliche Regenbogenschlange. Sie hat je nach Region unterschiedliche Namen, und auch die Geschichten unterscheiden sich.

Schöpferwesen

Die Regenbogenschlange gilt in fast allen Regionen Australiens als Schöpferwesen und steht in enger Verbindung zu Wasser und Wetter. Einigen Mythen zufolge brachte sie das Wasser auf die Erde, erschuf Flüsse, spendete Leben und legte sich anschließend zur Ruhe. Es gibt aber auch Warnungen: Mitunter heißt es, die Regenbogenschlange liege in einem Wasserloch und möge nicht gestört werden. Bei Regen streift sie von einem Wasserloch zum anderen quer über den Himmel. Ihre farbigen Schuppen bilden so den Regenbogen.

SCHON GEWUSST?

Es gibt Felsmalereien der Regenbogenschlange, die über 6000 Jahre alt sind. Somit gehört sie zu den ältesten Glaubensvorstellungen, die bis heute fortleben.

Die Macht von Geschichten

Traumzeit-Geschichten werden von Generation zu Generation weitergegeben – nicht nur durch mündliche Erzählung, sondern auch in Bildern. Die Aborigines ritzten und malten auf Felsen, u. a. mit Ocker, einem natürlichen Farbstoff, den es in Gelb- und Orangetönen bis hin zu Braun gibt. Früher hatten die Aborigines keine Schrift, und so waren die Malereien und Symbole ein wichtiges Kommunikationsmittel. Sie dienen bis heute dazu, das kulturelle Erbe zu vermitteln.

Schon gewusst?

Die heiligen Mythen der Aborigines wurden lange nicht mit dem Rest der Welt geteilt. Selbst heute dürfen oftmals nur ranghohe Mitglieder oder Stammesälteste ihre Geschichten erzählen und malen.

Der Leprechaun und sein Topf mit Gold

In der modernen irischen Folklore heißt es, dass der Leprechaun – ein Naturgeist – am Ende des Regenbogens einen Topf voller Gold versteckt habe. Kurioserweise gibt es die Legende vom irischen Leprechaun seit Jahrhunderten, der Regenbogen darin ist aber recht neu.

Was ist Folklore?

Folklore ist die Gesamtheit von Erzählungen und kulturellen Überzeugungen einer Gemeinschaft, die über Generationen mündlich weitergegeben wurden. Weil sie lange niemand aufgeschrieben hat, haben sich die Geschichten und Traditionen mit der Zeit verändert.

William Butler Yeats (1865–1939)

Der irische Dichter und Nobelpreisträger W. B. Yeats war fasziniert von irischen Märchen und Legenden. Über den Leprechaun schrieb er, wer ihn fange, bekomme von ihm einen Topf voll Gold – allerdings dürfe man ihn nicht mehr aus den Augen lassen, weil er sich sonst ruckzuck in Luft auflöse ... wie ein Regenbogen! Heute glaubt man, dass Yeats damit die Inspiration für den Topf mit Gold am Ende des Regenbogens geliefert hat.

SCHON GEWUSST?

Im Englischen sagt man, jemand »jagt Regenbögen«, wenn er etwas Unmögliches erreichen will.

Der irische Leprechaun

Der Leprechaun taucht (zunächst als *luchorpán*) seit dem 8. Jahrhundert in Geschichten auf. Seine Schlitzohrigkeit und sein Aussehen wurden mit der Zeit konkreter: Er wurde immer häufiger beschrieben als bärtiger alter Mann in einer roten oder grünen Jacke, mit spitzem Hut und Schnallenschuhen – und meist war er von Beruf Schuhmacher.

Ein modernes Märchen

Als einmal ein Bauer einen Leprechaun fing, behauptete dieser, er habe am Ende des Regenbogens einen Topf mit Gold versteckt. Der Bauer suchte und suchte, fand den Topf aber nicht. Der Leprechaun hatte ihn hereingelegt: Ein Regenbogen ist bloß eine Erscheinung, kein fester Gegenstand, und weil er kreisförmig ist, hat er auch kein Ende!

DER REGEN-
BOGEN IN
DER KUNST

Marcus Cannings Kunstwerk *Rainbow* besteht aus neun bunten Schiffscontainern. Die Skulptur steht am Hafen von Fremantle in der Nähe der westaustralischen Stadt Perth.

Es war einmal

Regenbögen tauchen nicht nur am Himmel auf, sondern auch in Romanen, Theaterstücken, Gedichten und Märchen.

Langs bunte Märchenwelt

Der schottische Schriftsteller Andrew Lang (1844–1912) veröffentlichte in zwölf Bänden mehr als 400 Märchen verschiedenster Erzähler. Jeder Band war nach einer Farbe benannt. Ein besonders farbenprächtiges Märchen aus Langs »gelbem Märchenbuch« mit dem Titel *Schöner-als-Fee* handelt von Prinz Regenbogen. Es stammt aus der Feder der Französin Charlotte-Rose de Caumont de La Force (1650 oder 1654 bis 1724).

Ein Regenbogenmärchen

Als ein gütiger König nach langem Warten ein Kind bekam, war es so schön, dass er es »Schöner-als-Fee« nannte – was die Feen verärgerte. Eine böse Fee sperrte die Prinzessin daraufhin in einem fernen Palast ein. Eines sonnigen Tages, als die Prinzessin im Palastgarten an einem Brunnen vorbeikam, erschien dort ein Regenbogen und sprach sie an! Er stellte sich als Prinz Regenbogen vor und erzählte, dass Feen ihn vor langer Zeit gefangen genommen und in einen tiefen Schlaf versetzt hätten, sodass er nur mehr als Regenbogen auf der Welt erscheinen könne.

SCHON GEWUSST?

Mademoiselle de La Force' bekanntestes Märchen heißt *Persinette* und hat die Gebrüder Grimm zum beliebten Märchen *Rapunzel* inspiriert!

Schöner-als-Fee und Prinz Regenbogen trafen sich nun immer, wenn Sonne und Wasser einen Regenbogen bildeten, und schon bald verliebten sie sich ineinander. Irgendwann entkam die Prinzessin der bösen Fee und machte sich auf die Suche nach Prinz Regenbogen. In einem Schloss entdeckte sie einen großen Saal mit regenbogenfarbenen Vorhängen, die um ein Bett drapiert waren. Darauf lag Prinz Regenbogen in Menschengestalt und schlief. Ihn zu wecken war nicht leicht, aber zu guter Letzt lebten Schöner-als-Fee und ihr Prinz glücklich bis ans Ende ihrer Tage.

Over the Rainbow

Einige der berühmtesten Lieder über Regenbögen stammen aus Kinofilmen: von Arthur Hamiltons »I Can Sing a Rainbow« aus *Es geschah in einer Nacht* bis hin zum legendären »Rainbow Connection« von Kermit dem Frosch aus *Muppet Movie*. Das womöglich bekannteste Regenbogenlied erklingt in einem Film über ein Mädchen, das einem gelben Ziegelsteinweg folgt …

Der Zauberer von Oz

Ein Wirbelsturm befördert Dorothy in das märchenhafte Land der Munchkins. Zusammen mit einem ängstlichen Löwen, einer Vogelscheuche ohne Verstand und einem Blechmann ohne Herz nimmt sie den gelben Ziegelsteinweg zum Zauberer von Oz. Zu Anfang des Films hat Dorothy von einem Ort geträumt, an dem es keine Sorgen gibt. Wenn so ein Ort wirklich existiert, dann irgendwo jenseits des Regenbogens.

Over the Rainbow

Die Schauspielerin Judy Garland singt »Over the Rainbow« in dem Film *Der Zauberer von Oz* aus dem Jahr 1939 (basierend auf dem Kinderbuch von L. Frank Baum) und ist für ihre Darbietung der Dorothy Gale berühmt geworden. Das Lied, komponiert von Harold Arlen und getextet von Edgar Harburg, gewann einen Oscar für den besten Film-Song.

SCHON GEWUSST?

Um das wichtige erste Wort des Liedtextes zu betonen, setzte Arlen die ersten zwei Noten des Stücks genau eine Oktave (acht ganze Noten) auseinander. Sowohl die Silbe »Some« als auch »where« fallen damit auf die gleiche Note (C), nur dass das zweite C eine ganze Oktave höher ist.

IMMER WIEDER EIN HIT

»Over the Rainbow« wurde von vielen Musikerinnen und Musikern neu interpretiert, unter anderem vom hawaiianischen Sänger Israel Ka'ano'i Kamakawiwo'ole, der sich selbst auf der Ukulele begleitete.

Ich kann den Regenbogen sehen

Seit Jahrhunderten ehren Künstlerinnen und Künstler den Regenbogen als Naturereignis und verwenden ihn, um eine wichtige Botschaft zu vermitteln.

Das *Regenbogenporträt*

Auf dem *Regenbogenporträt* hält die Tudor-Königin Elisabeth I. einen Bogen mit der Inschrift »non sine sole iris« – »kein Regenbogen ohne Sonne« – in der Hand. Die Sonne steht für ihr gottgegebenes Herrschaftsrecht, der Regenbogen ist Zeichen des Friedens. Gemeinsam symbolisieren sie Frieden und Wohlstand während Elisabeths Regentschaft.

Schloss Arundel mit Regenbogen

Um 1824, in der Epoche der Romantik, schuf der englische Maler William Turner (1775–1851) ein Bild von Schloss Arundel mit einem riesigen Regenbogen in der Mitte. Damals waren neue Erkenntnisse über Regenbögen hochaktuell, und Turner diskutierte mit seinen Freunden viel über die Farben des Lichts. Künstler und Dichter befürchteten, dass die Wissenschaft der Welt etwas von ihrer Schönheit und Rätselhaftigkeit nehmen könnte.

Zutaten der Malerei: *Farbe*

Die Schweizerin Angelika Kauffmann (1747–1807) war Gründungsmitglied der Royal Academy of Arts. Auf ihrem Gemälde *Farbe* versucht eine Künstlerin, die Farben des Regenbogens mit einem Pinsel einzufangen.

Das Regenbogendorf

Huang Yung-fu, geboren 1922 in China, war Soldat, bis er 1949 nach Taiwan flüchten musste, wo er in einem Militärdorf untergebracht wurde. Als Yung-fu 86 Jahre alt war, wollte die Regierung das Dorf abreißen, doch er weigerte sich zu gehen und griff zum Pinsel: Er malte ein Vögelchen an die Wand seiner Hütte und verzierte immer mehr Gebäude, bis das Dorf von den Gehwegen bis zu den Dächern mit seinen bunten Bildern bedeckt war. Die Nachricht verbreitete sich, und er wurde als »Regenbogen-Opa« bekannt. Im Jahr 2010 entschied die taiwanesische Regierung, das Regenbogendorf als öffentlichen Park zu erhalten.

DER REGENBOGEN ALS SYMBOL

Während der Corona-Pandemie malten Kinder überall in Europa Regenbögen an die Fenster, um ihren Mitmenschen Trost und Hoffnung zu spenden.

Halt Ausschau nach dem Regenbogen

Augen auf! In vielen Kulturen, Mythologien und Religionen der Welt gelten Regenbögen oftmals als Omen – als Zeichen oder Hinweis darauf, dass etwas Gutes oder Schlechtes passieren wird.

Ein gutes Omen

In der Bibel werden Regenbögen als gutes Omen gesehen. Als Gott die Gier der Menschheit sah, befahl er Noah, eine Arche zu bauen, um einer Sintflut zu entgehen. Noah und seine Familie nahmen zwei Tiere jeder Art mit an Bord. Dann ließ Gott es vierzig Tage und Nächte lang regnen. Später schickte Noah eine Taube aus, um nach trockenem Land zu suchen. Als die Taube mit einem Olivenzweig wiederkam, war klar, dass sie die Arche verlassen konnten. Gott versprach Noah, dass er die Erde nicht noch einmal durch eine Flut zerstören werde, und schickte als Zeichen seines guten Willens einen Regenbogen.

Ein schlechtes Omen

In Kulturen des Amazonasgebiets gelten Regenbögen als schlechtes Omen. Es heißt, die Geister des Regenbogens könnten Kindern und Schwangeren schaden. Der weitverbreitete Glaube entstand in vorinkaischer Zeit in Peru (900–200 v. Chr.): Dort machten die Menschen den Mund zu, sobald sie einen Regenbogen sahen, damit sie keine Krankheit aufschnappten. In der Sprache Amuesha, die in Zentralperu gesprochen wird, gibt es eine Krankheit namens Ayona'achartan – »Der Regenbogen hat meiner Haut wehgetan«.

Flaggen in der Geschichte

Im Laufe der Geschichte sind überall auf der Welt Regenbögen auf Flaggen aufgetaucht. Aber was bedeuten diese bunten Flaggen, die im Wind flattern, überhaupt?

Die buddhistische Flagge

Erstmals 1885 in Sri Lanka gehisst, symbolisiert die buddhistische Regenbogenflagge Frieden und Glauben. Seit Gründung der World Fellowship of Buddhists (»Weltgemeinschaft der Buddhisten«) 1950 gilt die fünffarbige Flagge international als Symbol des Buddhismus.

Die Friedensbewegung

Auch 1961 bei einem Friedensmarsch in Italien kam die Regenbogenflagge zum Einsatz – mit dem italienischen Wort *pace* (»Frieden«) darauf. Seither wird die Flagge weltweit als Symbol des Friedens verstanden.

Pride

1978 wurde die Regenbogenflagge zum Symbol der Hoffnung und Diversität in der LGBTQ+-Community. Ursprünglich hatte sie acht Streifen, dann fielen Pink und Türkis weg. Es blieben sechs Farben: Rot (für das Leben), Orange (für Heilung), Gelb (für die Sonne), Grün (für die Natur), Blau (für Harmonie) und Violett (für Spiritualität).

Regenbogennation

Nach den ersten demokratischen Wahlen in Südafrika 1994 nannte Erzbischof Desmond Tutu sein Land eine »Regenbogennation«. Er hatte sich als Menschenrechtsaktivist für die Gleichberechtigung der ethnischen Gruppen eingesetzt. Die neue Staatsflagge repräsentiert die verschiedenen Bevölkerungsgruppen.

Neuseelands »Regenbogenkämpfer«

1971 wurde Greenpeace gegründet, eine gewaltfreie unabhängige Organisation, die sich für den Umwelt- und Naturschutz einsetzt. Die *Rainbow Warrior* (»Regenbogenkämpfer«) war das Aushängeschild ihrer Flotte. Am 10. Juli 1985 sollte das Schiff zu einem Protest gegen einen französischen Atomwaffentest ausfahren, wurde dann jedoch vom französischen Geheimdienst gesprengt und versenkt, wobei ein Besatzungsmitglied starb. Heute erinnert ein Denkmal an der neuseeländischen Matauri-Bucht daran.

Die Welt ist bunt!

Der Regenbogen ist ein wichtiges Symbol für die LGTBQ+-Community. Sie musste für Gleichberechtigung kämpfen, für das Recht, zu lieben, wen immer man will, und dafür, dass der Rest der Gesellschaft sie akzeptiert.

Farbe bekennen

In den 1960er-Jahren wurden Mitglieder der LGTBQ+-Community in Kneipen oft nicht bedient. Die New Yorker Bar Stonewall Inn hingegen galt als sicherer Ort für Schwule und Lesben. Doch am 28. Juni 1969 stürmte die Polizei das Stonewall Inn und verhaftete Gäste, weil das US-Gesetz Homosexualität verbot. Die Barbesucherinnen und -besucher waren die unfaire Behandlung leid, warfen Flaschen nach den Polizisten und schlitzten die Reifen der Streifenwagen auf. Eine Woche lang gingen Mitglieder der LGBTQ+-Community auf die Straße, um für Gleichberechtigung zu demonstrieren.

Zeichen setzen

1977 konnte Harvey Milk als erster offen schwuler Politiker der USA eine Wahl gewinnen. Er beauftragte Gilbert Baker damit, ein Symbol der Hoffnung und Vielfalt für die LGBTQ+-Community zu entwerfen. 1978 entschied man sich für die Regenbogenflagge.

Gegen das Vergessen

Die Regenbogenflagge ist bis heute ein wichtiges Symbol und eine Erinnerung daran, was die Community sich erkämpfen musste. Am Jahrestag der Stonewall-Inn-Ausschreitungen kommt sie auf der ganzen Welt zu Protestzügen und Paraden zusammen. Anlässlich der Pride Parade 2015 in Großbritannien wurde das Riesenrad »London Eye« in den Regenbogenfarben beleuchtet.

Der Protest geht weiter

Bis heute kämpfen Mitglieder der LGBTQ+-Community für ihr Recht, gleichberechtigt behandelt zu werden. Die Ehe für alle wurde beispielsweise in Großbritannien 2014, in den USA 2015 und in Deutschland erst 2017 erlaubt. In den USA wurde zur Feier das Weiße Haus in den Regenbogenfarben erleuchtet.

Zusammenfassung

Welche Bedeutung hat der Regenbogen für dich? Eine richtige oder falsche Antwort gibt es nicht! Diese wunderbaren Farbbögen haben für die Menschen auf dieser Erde so viele Bedeutungen! Wissenschaftlerinnen und Wissenschaftler bejubelten die Erkenntnis, dass Licht von Wassertropfen gebrochen und reflektiert wird, während Künstler versuchten, der Schönheit des Regenbogens in Gemälden und Erzählungen gerecht zu werden. Magische, mystische Regenbogengeschichten wurden über Generationen weitergegeben – von der sagenumwobenen Regenbogenbrücke Bifröst bis hin zu den Warnungen der Amazonasbewohner.

Wenn du also das nächste Mal einen Regenbogen siehst … siehst du die Regenbogenschlange aus ihrem Wasserloch kriechen? Stimmst du eins deiner Lieblings-Regenbogenlieder an? Oder denkst du an die Menschen, die den Regenbogen als Symbol des Friedens und der Hoffnung verwendet haben?

Ganz gleich, was du tust, eines ist sicher: Regenbögen sind ein Wunder der Natur, und was sie uns bedeuten, wird sich auch in Zukunft verändern und weiterentwickeln.

Glossar

Aborigines – australische Ureinwohnerinnen und Ureinwohner

Absorption – das „Verschlucken" bestimmter Anteile des farbigen Lichts an der Oberfläche eines Gegenstands

Atmosphäre – Luftschichten, die unsere Erde umgeben

Ausschreitung – öffentlicher Protest, der in Gewalt umschlägt

Bauernregel – ein kurzer Spruch oder Reim, der oft eine Wetterregel oder einen Rat formuliert

Brechung – Veränderung der Ausbreitungsrichtung des Lichts

Buddhismus – eine Glaubensrichtung

Corona (auch Covid-19) – eine Viruserkrankung, die sich v. a. über die Luft verbreitet, wenn Erkrankte husten oder niesen

Dispersion – die Auffächerung weißen Lichts in die sieben Farben des sichtbaren Spektrums

Eselsbrücke – ein Merksätzchen für wichtige Informationen

Folklore – die Gesamtheit von Geschichten und kulturellen Überzeugungen einer Gruppe von Menschen, die über Generationen mündlich weitergereicht werden

Giebel – die oft dreieckige obere Vorderseite eines Gebäudes, oftmals oberhalb von Säulen

Gottheit – eine Göttin oder ein Gott

Greenpeace – eine gewaltfreie unabhängige Organisation, die sich für Umwelt- und Naturschutz einsetzt und 1971 gegründet wurde

Irisieren – in den Farben des Regenbogens schillern

Komponieren – ein Musikstück erschaffen, aber auch, ein Gemälde oder Gedicht erdenken

Index

Leprechaun – ein kleines magisches Wesen aus der irischen Folklore, das oft als Schlitzohr beschrieben wird

Lichtgeschwindigkeit – das Tempo, in dem Licht sich ausbreitet. Es gibt nichts Schnelleres auf der Welt!

Oktave – der Tonabstand von einem Ton bis zum nächsten Ton desselben Namens

Omen – ein Vorzeichen oder eine Warnung, dass etwas Gutes oder Schlechtes passieren wird

Pandemie – wenn eine Infektionskrankheit sich auf der ganzen Welt ausbreitet und zahlreiche Menschen erkranken

Prisma – ein Glaskörper, dessen Grund- und Deckfläche parallel zueinander liegen und in der Form identisch (zumeist dreieckig) sind

Reflexion – ein Prozess, in dem Licht von einer Oberfläche zurückgeworfen wird

Romantik – ein Zeitalter, eine Stilrichtung des späten 18. und frühen 19. Jahrhunderts in der bildenden Kunst, der Musik und der Literatur, in der die gefühlsmäßige Verbindung des Menschen zur Natur im Mittelpunkt stand

Spektrum – die Gesamtheit der Farben, wie bei einem Regenbogen

Traumzeit – der Beginn der Zeit, in der im Glauben der australischen Aborigines ihre Ahnen die Welt erschaffen haben

Ukulele – eine kleine viersaitige Gitarre, ursprünglich aus Hawaii

Wellenlänge – der Abstand zweier Wellenberge einer Lichtwelle mit einer bestimmten Farbe